TIERE AUF DEM BAUERNHOF

Ein Naturbuch für Kinder

Stefan Wilfert • Christine Rechl

Bechtermünz Verlag

Es ist nicht gestattet, Abbildungen dieses Buches zu scannen, in PCs oder auf CDs zu speichern oder in PCs/Computern zu verändern oder einzeln oder zusammen mit anderen Bildvorlagen zu manipulieren, es sei denn mit schriftlicher Genehmigung des Verlages.

© 1998 Weltbild Verlag GmbH, Augsburg
Alle Rechte vorbehalten
Lektorat: Ulrieke Ruwisch
Illustrationen: Christine Rechl
Umschlaggestaltung: Peter Engel, Grünwald
Satz: Gesetzt aus der Palatino 14/20 P.
Reproduktion: Litho Art, München
Druck und Bindung: Sebald Sachsendruck, Plauen
Printed in Germany
ISBN 3-8289-5911-3

Da vor uns liegt er, der Bauernhof.
Mit seinen Wohngebäuden, den Scheunen und Ställen,
den Äckern und Weiden.
Auch der Wald im Hintergrund gehört dazu,
und sogar ein kleiner Teich ist zu sehen.
Vor der Scheune stehen die Traktoren und
anderen Geräte, die der Bauer für seine Arbeit braucht.
Und natürlich sieht man viele Tiere,
die dort – zusammen mit den Menschen – leben.

Schauen wir uns die Tiere auf dem Bauernhof
ein wenig näher an.

Die Rinder

Die auffälligsten Tiere auf dem Bauernhof sind die Rinder: die Kuh ist das weibliche Rind, der Stier oder Bulle das männliche. Früher haben entweder Pferde oder Rinder auf den Feldern die Arbeit getan, die jetzt ein Traktor verrichtet. Heute werden die Rinder hauptsächlich wegen des Felles zur Ledergewinnung und wegen des Fleisches gezüchtet. Die weiblichen Rinder, die Kühe, dagegen werden gemolken und geben uns die gesunde Milch.

Das ist ein Auerochse, von dem unsere Hausrinder abstammen. Vor vielen tausend Jahren wurde er zuerst gejagt und dann als Haus- und Arbeitstier gehalten.

Fleckvieh

Schwarzbunte

Braunvieh

Schottisches Hochlandrind

Gelbvieh

Bei den Rindern fallen besonders die Hörner auf, die bei den einzelnen Rassen verschieden aussehen: mal sind sie lang und nach oben gebogen, mal kurz und nach unten gedreht. Bei manchen Rassen stehen die Hörner direkt nach vorne, manche haben lange, einige ganz kurze Hörner. Rinder behalten ihre Hörner ihr ganzes Leben lang und werfen sie nicht ab wie die Hirsche.
Auch wenn sie mit diesen Hörnern oft gefährlich aussehen, braucht man vor ihnen keine Angst zu haben. Rinder sind friedliche Tiere.

Diese Hörner sind eine Verlängerung der Stirnknochen.

Der Körperbau der Kuh

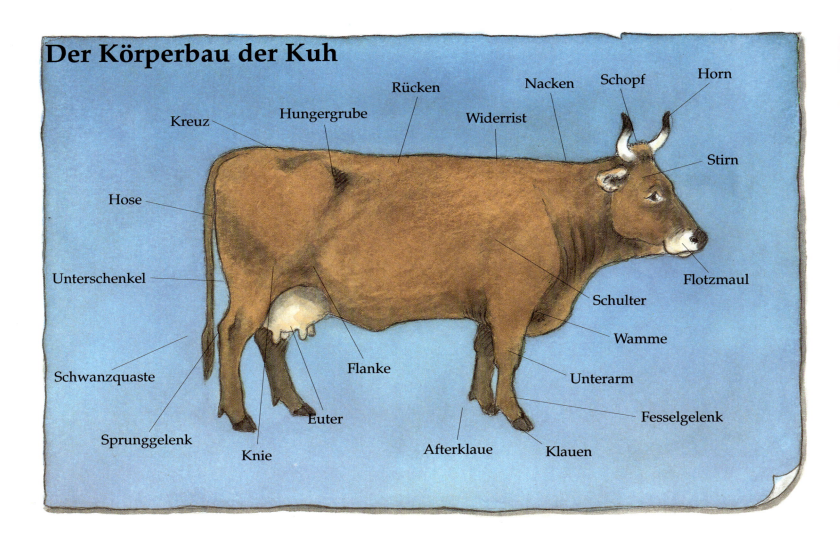

Jeder Teil der Kuh oder des Stiers hat einen bestimmten Namen. Werden die Rinder wegen ihres Fleisches gehalten, soll ein Stier viel und gutes Fleisch liefern. Deswegen hat er einen gedrungenen, breiten Körper, an dem viel Fleisch dran ist. Die Milchkuh dagegen soll eher schlank sein mit wenig Fleisch, damit sie möglichst viel Milch geben kann. Eine gesunde Milchkuh kann 12 bis 15 Liter Milch am Tag geben.

Stier Kuh

In großen Teilen Indiens werden die Rinder als heilige Tiere verehrt. Deswegen dürfen sie auch nicht geschlachtet werden und können sich in den Straßen der Städte und Dörfer frei bewegen.

So wird die Melkmaschine an das Euter der Kuh angeschlossen. Das tut der Kuh nicht weh.

Früher wurden die Kühe mit der Hand gemolken. Heute macht man das mit Melkmaschinen, die an das Euter der Kuh angeschlossen werden.

Die Milch wird in großen Behältern aufgefangen und dann weiterbearbeitet. Aus Milch werden viele Nahrungsmittel hergestellt. Man kann sie einfach als Trinkmilch nehmen, man kann sie zu Joghurt, zu Quark, zu Käse oder zu Sahne verarbeiten.

Kauen und Wiederkäuen

Am liebsten fressen Rinder frisches Gras. Und davon möglichst viel. Eine erwachsene Kuh frißt pro Tag bis zu 20 Kilogramm Gras. Wie jedes große Tier muß sie auch viel trinken: zwischen 30 und 40 Liter am Tag. Hat sie gerade ein Kalb, das sie noch stillt, können es auch bis zu 100 Liter pro Tag sein. Deshalb sieht man auch auf den Weiden oft große Tankwagen mit Wasser.

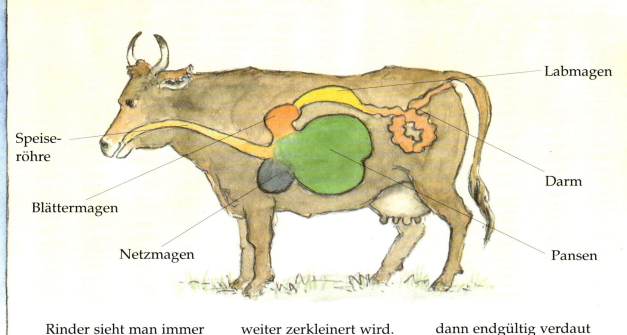

Rinder sieht man immer kauen. Sie sind Wiederkäuer. Sie haben einen besonderen Magen, der eigentlich aus vier Mägen besteht. Die Nahrung erreicht zunächst den **Pansen**, wird dort grob zerkleinert, gelangt danach in den **Netzmagen**, wo sie weiter zerkleinert wird. Von dort wird sie sozusagen wieder aufgestoßen und vom Rind weiterzerkaut. Das ist das Wiederkäuen. Danach wird die klein gekaute Nahrung in den **Blättermagen** geschluckt und gelangt von dort in den **Labmagen**, wo sie dann endgültig verdaut wird. Das Ganze dauert etwa drei Tage.
Die vier Mägen einer Kuh sind sehr groß. Ungefähr zwanzigmal mehr Nahrung paßt in sie hinein als zum Beispiel in den Magen eines Pferdes.

Auf in den warmen Stall!

Der Bauer schickt die Rinder zum Fressen auf die Wiesen, die Weiden. Damit die Weiden nicht gleichmäßig abgenutzt werden, unterteilt man sie mit Zäunen. So kann in dem Teil, in dem die Rinder sich gerade nicht aufhalten, frisches Gras nachwachsen. Die Bauern in den Alpen treiben ihre Rinder vom Juni bis September auf die Sommerweiden in den Bergen. Dort ist das Gras noch saftiger, und die Bauern können so im Tal das Heu aufsparen für die Winterernährung der Rinder. Wenn es ab September in den Bergen zu kalt wird, kehren die Rinder wieder ins Tal zurück. Für diesen Viehabtrieb werden sie von den Bauern festlich geschmückt. Im Bauernhof angekommen, überwintern die Rinder im Stall, wo es warm ist und sie dem Wetter nicht ausgesetzt sind.

Die Schafe

„Mäh, mäh" klingt es von der Wiese herüber. Es sind Schafe, die blöken. Und zwar gleich eine ganze Menge. Schafe leben nämlich immer am liebsten in einer Herde, also mit vielen anderen zusammen.

Das Hausschaf ist eines der ältesten Haustiere des Menschen. Aufgrund vieler Knochenfunde weiß man, daß es bereits vor 9000 Jahren Schafe in den Ansiedlungen der Menschen gegeben hat.

Manchmal werden die Schafe von einem Schäfer zu einer Wiese geführt, wo sie fressen können. Bewacht werden sie dabei von dem Schäferhund. Er paßt auf, daß kein Schaf wegläuft, und hält die Herde immer brav zusammen.

Wohlig warme Wolle

Auffällig ist bei den Schafen das dichte wollige Fell. Irgendwann einmal hat der Mensch entdeckt, daß man dieses Fell abschneiden kann, ohne das Schaf zu verletzen. Ein Schaf scheren, nennt man das. Das macht man zweimal im Jahr. Das Wollkleid des Schafes heißt „Vlies".

Ein Schaf kann bis zu drei Kilogramm Wolle pro Jahr liefern. Die Wolle wird nach der Schur vom Schmutz gereinigt, der Länge nach sortiert und gekämmt. Dann werden die einzelnen Wollfasern zu einem langen Faden zusammengedreht. Früher machte man das mit solch einem Spinnrad. Heute gibt es dafür große Maschinen. Danach kann die Wolle zum Beispiel zu einem Pullover verarbeitet werden.

Heidschnucke

Ostfriesisches Milchschaf

Karakul

Merino

Bergschaf

Suffolk

Es gibt Schafe mit langen Wollhaaren und andere, die ein kurzhaariges Fell haben. Das hängt von der Rasse ab. Wegen ihres dichten Felles frieren Schafe auch bei Kälte nicht. Darum kann man sie, wenn es nicht allzu kalt ist, sogar nachts draußen lassen.

Ein schwarzes Schaf?

Die meisten Schafe haben ein helles Fell. Aber in einer Herde von hellen Wollschafen sieht man immer wieder einmal ein Schaf mit dunklem Fell. Daher kommt auch der Ausdruck „schwarzes Schaf". Wenn man jemanden ein „schwarzes Schaf" nennt, meint man damit, daß er etwas aus der Reihe fällt, daß er auffällt.

Das Schaf dient dem Menschen nicht nur mit seiner Wolle. Das Schaf liefert neben Fleisch, auch Fett und Milch, die dann zu Schafskäse verarbeitet wird.

Das ist ein kleines Schaf. Man nennt es Lamm. Ein Mutterschaf bringt nach einer Tragezeit von etwa fünf Monaten ein oder zwei Lämmer zur Welt. Normalerweise passiert das im Frühjahr.

Skudde · Heidschnucke · Mufflon

Einige Schafe tragen Hörner. Die Widder oder Böcke, das sind die männlichen Schafe, haben kräftige, gewundene Hörner. Die Weibchen haben kurze, gebogene. Allerdings gibt es auch Weibchen, die überhaupt keine Hörner tragen. Sehr große Hörner haben das Mufflon und die Heidschnucke. Obwohl sie mit diesen Hörnern bedrohlich aussehen, sind Schafe ganz ungefährliche und zutrauliche Tiere.

Die Schweine

Was sich da grunzend und genüßlich im Schlamm wälzt, ist ein Hausschwein. Schweine machen das gerne. Daher kommt auch das Schimpfwort „Dreckschwein". Damit tun wir aber dem Schwein unrecht, denn es ist ein sehr reinliches Tier. Um Krankheiten zu vermeiden, müssen auch sie, wie jedes andere Tier, ihre Haut von Dreck und Ungeziefern freihalten. Und das tun sie, indem sie sich auf dem Boden wälzen. Auf vielen Bauernhöfen findet man Schweine. Sie sind aber mehr in ihrem Stall als draußen auf einer Wiese zu sehen.

Für die Bauern sind die Schweine sehr praktische Tiere. Denn Schweine sind Allesfresser. Das heißt, der Bauer kann dem Schwein alle Speisereste geben und noch ein bißchen Schweinefutter dazumischen.

Nur auf wenigen Bauernhöfen laufen Schweine frei herum. Meistens werden sie zur Mast in engen Boxen in großen Schweineställen gehalten. Diese Schweine hier haben es besser.

So eine Ferkelei!

Schweine besitzen einen sehr kurzen, aber sehr kräftigen Rüssel, mit dem sie in der Erde nach Futter suchen. Sie fressen gerne Wurzeln und Knollen, die sie aus der Erde wühlen. Ihr Körper ist mit dicken Borsten bedeckt. Hinten haben die Schweine einen lustigen Ringelschwanz.

Das hier ist ein Wildschwein. Von ihm stammen unsere Hausschweine ab. Wildschweine haben ein richtiges Fell.
Das männliche Wildschwein heißt „Keiler", das weibliche „Bache". Keiler haben lange, gefährliche Eckzähne, die „Hauer". Damit können sie auch dem Menschen gefährlich werden.

Im Frühjahr, wenn sie Frischlinge haben, das sind die jungen Wildschweine, darf man der Bache im Wald nicht zu nahe kommen. Bis zu sieben Frischlinge kann eine Wildsau auf einmal zur Welt bringen. Tagsüber halten sich die Wildschweine im dichten Unterholz auf. Erst in der Dämmerung gehen sie dann auf Nahrungssuche.

Hier sehen wir eine Muttersau mit Ferkeln, das sind die kleinen neugeborenen Hausschweinchen. Es ist schon vorgekommen, daß eine Sau zehn Ferkel geboren hat.

Der Körperbau des Schweines

Der Bauer hält die Schweine hauptsächlich wegen des Fleisches. Schweinefleisch ist bei uns sehr beliebt. Deswegen werden auch Hausschweine gezüchtet, die möglichst viel Fleisch und möglichst wenig Fett haben. Außerdem benutzt man die Haut zur Lederherstellung, und aus den Borsten macht man Pinsel.

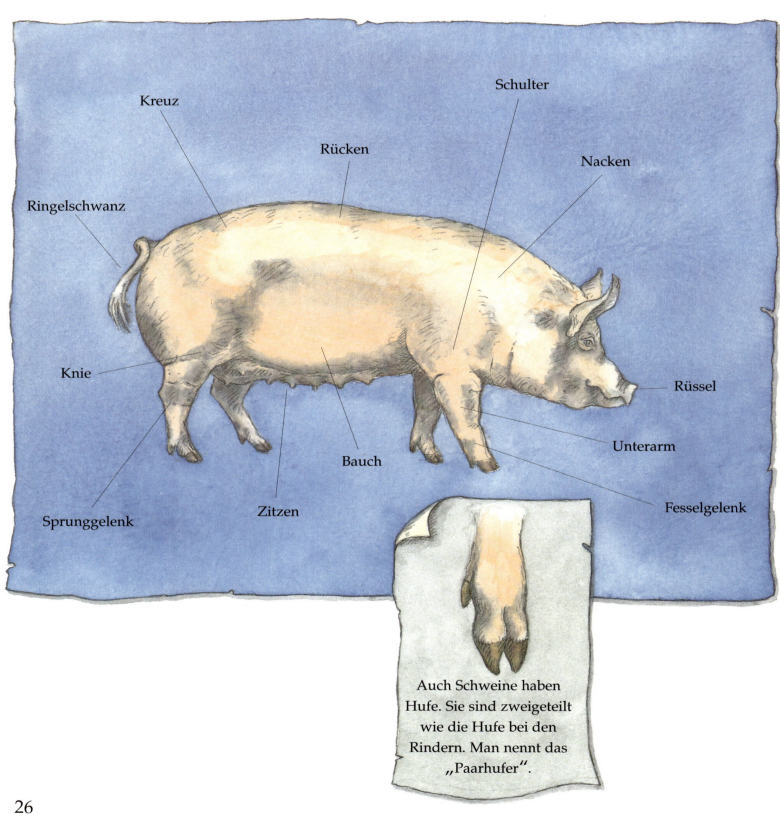

Auch Schweine haben Hufe. Sie sind zweigeteilt wie die Hufe bei den Rindern. Man nennt das „Paarhufer".

Deutsches Cornwallschwein

Angler Sattelschwein

Hampshire

Göttinger Minischwein

Auch bei den Schweinen gibt es verschiedene Rassen. Hier siehst du nebeneinander ein Deutsches Landschwein, das ist das normale Hausschwein. Daneben ein Wildschwein. Dahinter steht ein ganz besonderes Schwein: ein Marzipanschwein. Das kennt jeder als Glücksbringer. Wenn man sich gegenseitig Glück wünschen will, dann schenkt man sich zum Beispiel an Neujahr ein Schwein. Die Redewendung „Schwein haben" meint auch, daß man Glück hat. Früher, als die Menschen noch ärmer waren als heute, hatte derjenige Glück, der ein Schwein besaß, weil er damit in Notzeiten zu essen hatte.

Die Pferde

Vor fünfzig oder hundert Jahren konnte man noch viel mehr Pferde sehen als heute. Besonders auf den Bauernhöfen. Die Pferde arbeiteten auf den Feldern, zogen Pflüge, Eggen oder die Karren, auf denen das Getreide, das Heu oder die Milch transportiert wurde. Diese Arbeiten werden heute alle von Maschinen verrichtet. Die Traktoren haben das Pferd ersetzt. Seit einigen Jahren kann man aber wieder Pferde und Ponys auf unseren Bauernhöfen sehen. Sie werden für die Freizeit gehalten: die Bauersfamilie oder die Touristen reiten zum Vergnügen auf ihnen.

Für die Menschen ist es sehr praktisch, sich auf ein Pferd zu setzen und so ohne Mühe vorwärtszukommen. Pferde sind einfach schneller als die Menschen. Und sie können dabei noch etwas tragen oder einen Karren ziehen.

Normalerweise sitzt man beim Reiten auf einem Sattel. Aber man kann auch ohne ihn reiten. Das haben zum Beispiel die Indianer getan.

Pferdeglück

Am liebsten sind die Pferde auf der Wiese, wo sie saftiges Gras, Kräuter oder Blüten zum Fressen haben. Diese Wiese für die Pferde nennt man „Weide" oder, wenn ein Holzzaun drum herum ist, auch „Koppel". Dort können die Pferde nach Herzenslust herumtollen, fressen, trinken oder spielen. Normalerweise reicht einem Pferd auf der Weide das Gras, das es dort frißt. Im Winter aber gibt es kein frisches Gras, und die Pferde werden in einem Stall gehalten. In dieser Zeit gibt es andere Futtermittel: Heu und Stroh, viele Getreidesorten wie Hafer und Mais, die noch extra behandelt werden, Leinsamen oder Sonnenblumenkerne. Gerne fressen Pferde auch Obst und Gemüse. Äpfel zum Beispiel oder Karotten. Ganz wichtig für die Ernährung der Pferde ist auch noch das Trinken. Pferde trinken nicht wie die Hunde, in dem sie das Wasser mit der Zunge schlabbern, sondern saugen es in sich hinein.

Ein junges Pferd heißt „Fohlen". Kommt es zur Welt, steht es fast sofort danach auf und kann schon nach ein paar Stunden herumlaufen. Wenn auch noch etwas ungelenk. Fast ein ganzes Jahr, nämlich elf Monate, war das Fohlen im Bauch der Stute. So heißen die weiblichen Pferde. Ein männliches Pferd heißt Hengst. Die Fohlen bleiben in der ersten Zeit immer in der Nähe der Mutter. Wenn sie hungrig sind, können sie gleich bei der Mutter trinken. Etwa fünf- bis sechsmal geschieht das innerhalb von einer Stunde. Wenn sie müde sind, paßt die Mutter auf sie auf. Und müde sind die Fohlen oft, denn sie toben den ganzen Tag herum, um die Umgebung kennenzulernen.

Alles ist neu und so aufregend für die Fohlen! Ja, sogar einem Schmetterling jagen sie hinterher.

Englisches Vollblut

Arabisches Vollblut

Deutsches Reitpferd (Warmblut)

Lipizzaner

Belgisches Kaltblut

Island-Pony

Bei den Pferden gibt es viele verschiedene Rassen. Man unterscheidet normalerweise zwischen Vollblut, Warmblut, Kaltblut und Ponys. Das „Warm" und „Kalt" bei dieser Bezeichnung heißt nicht, daß diese Pferde ein warmes oder kaltes Blut haben. Man meint damit, daß die Pferde zum Beispiel sehr lebhaft (Vollblut) oder elegante Arbeitstiere (Warmblut) oder daß sie sehr ruhig und behäbig sind (Kaltblut). Ponys sind besonders kleine Pferde, auf denen oft die Kinder reiten dürfen. Aber auch wenn sie klein sind, sind es doch kräftige Pferde. Daß so ein Pony mühelos zwei Erwachsene und ein Kind tragen kann, ist aber sicher nicht wahr.

Der Körperbau des Pferdes

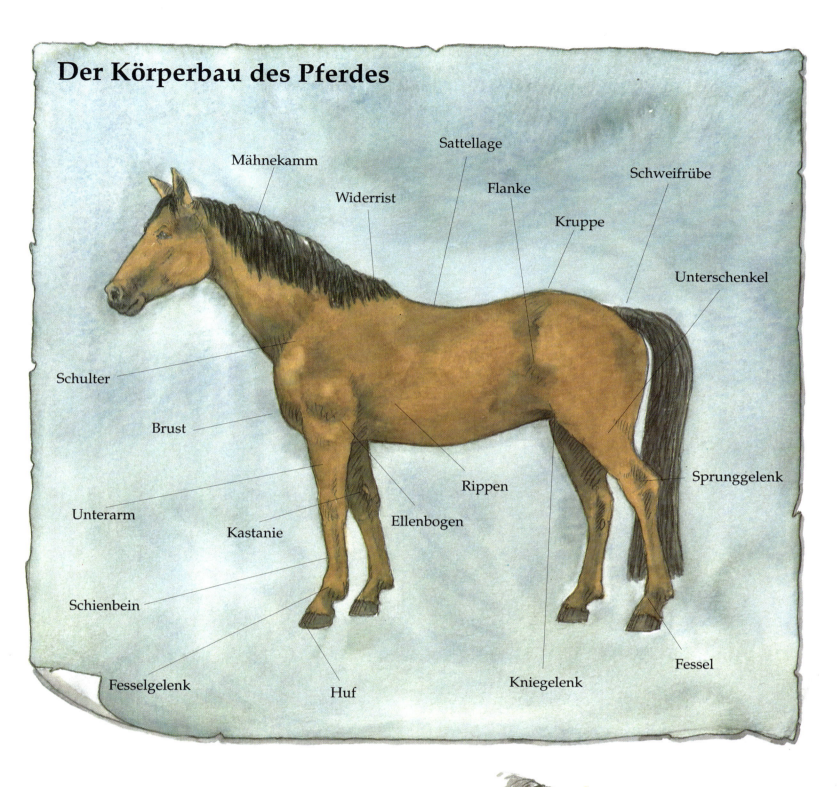

Wenn man einem Pferd etwas zu fressen geben will, zum Beispiel eine Karotte oder ein Stück Apfel, dann hält man ihm es auf der flachen Hand hin. So kann das Pferd es am leichtesten wegnehmen.

Im Stall

Wenn Pferde nicht auf der Weide sind, weil es Nacht ist oder gerade Winter, dann werden sie im Stall gehalten. Der Stall ist die Wohnung der Pferde. Ein Stall sollte deshalb groß, hell, sauber und luftig sein. Jedes Pferd sollte darin für sich ein Abteil haben. Man nennt das „Box". Der Boden der Box ist bedeckt mit Torf, Sägemehl und Papierwolle. Oder aber man streut Stroh darauf. Dieses muß oft erneuert werden.

Eine andere Sache ist auch noch wichtig für die Ernährung der Pferde: der Salzleckstein. Solch ein Stein ist etwa so groß wie ein Ziegelstein. Da Pferde, und besonders Pferde, die täglich geritten werden, beim Herumlaufen stark schwitzen und dadurch viel Salz verlieren, müssen sie das ausgleichen. Wenn sie dann am Stein lecken, nehmen sie so wieder Salz zu sich.

Das gehört zur Pferdepflege: verschiedene Bürsten, Striegel und Wassereimer.

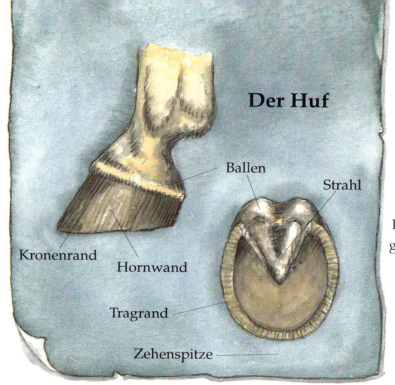

Der Huf

Ballen
Strahl
Kronenrand
Hornwand
Tragrand
Zehenspitze

Damit werden die Hufe gepflegt: Hufauskratzer, Hufbürste, Pinsel und Huffett.

Zur Pferdepflege gehört aber nicht nur ein sauberer Stallboden, sondern auch die Pflege des Pferdes selbst. Es muß oft mit einer Bürste gestriegelt, die Mähne und der Schweif müssen entwirrt werden.

Ganz besonders wichtig ist die tägliche Pflege der Hufe. Unterm Huf sammeln sich oft Schmutz, Erde oder Kies an. Das alles muß man herauskratzen, damit es keine Entzündungen gibt. Danach werden die Hufe noch einmal naß abgebürstet und eingefettet. Damit die Hufe beim Reiten über steinige Wege besser geschützt sind, werden sie mit Hufeisen beschlagen. Das macht der Hufschmied.

Täglich müssen die Pferdeäpfel entfernt werden, damit es in der Box sauber bleibt.

Die Esel

Eng verwandt mit den Pferden sind die Esel. Sie sind kleiner als die Pferde und haben längere Ohren, schmalere Hufe, eine bürstenartige Nackenmähne und ein eher graues Fell.

Esel sind oft schwierige und eigensinnige Tiere. Wenn sie nicht wollen, sind sie nur schwer dazu zu bewegen, etwas zu tun. Daher auch der Begriff „sturer Esel".

Heute sieht man bei uns Esel meist nur noch auf Bauernhöfen, die nebenbei Zimmer an Fremde vermieten.

In Südeuropa und in Nordafrika werden Esel auch heute noch als Haustiere gehalten. Sie dienen dort als Last- und Reittiere, die auch Fleisch und Milch liefern. Früher waren Esel bei uns viel mehr verbreitet. Sie waren wegen ihrer Ausdauer als Arbeitstiere sehr beliebt.

Den Esel kann man mit Pferden kreuzen. Wenn die Mutter ein Esel und der Vater ein Pferd ist, dann heißt der Mischling Maulesel, der einem Esel ähnlicher ist als einem Pferd. Ist es umgekehrt, der Vater ein Esel und die Mutter ein Pferd, dann heißt der Mischling Maultier oder Muli. Das Maultier sieht einem Pferd sehr ähnlich. Beide aber, Maulesel und Mulis, können selbst keinen Nachwuchs bekommen.

Das hier sind zwei Eselsohren. Das linke ist das Ohr eines Hausesels, das rechte ist die umgeknickte Seite eines Buches, die man dann „Eselsohr" nennt.

Das liebe Federvieh

Die Hühner

Gackernd, pickend und scharrend laufen die Hühner überall auf dem Bauernhof herum. Fast jeder Bauernhof hat heute Hühner. Sie werden morgens aus dem Stall herausgelassen, laufen herum und suchen sich das Futter selbst. Abends kommen sie dann wieder in den Stall. Sind sehr viele Hühner auf einem Bauernhof, dann muß der Bauer ihnen noch extra Futter geben. Obwohl Hühner Vögel sind, können sie nicht richtig fliegen. Sie haben ganz kurze Flügel, mit denen sie sich nur eine kleine Strecke flatternd in der Luft bewegen können. Dafür aber haben sie kräftige Füße, mit denen sie den Boden bei der Nahrungssuche aufscharren können. Dabei picken sie nach Grassamen oder Körnern, aber auch nach Käfern, Schnecken und Würmern.

Die Truthühner

Zu den Hühnern gehören auch die Truthühner. Das Männchen heißt Truthahn oder Puter, das Weibchen Truthenne oder Pute. Es sind sehr große Vögel, die genau wie die Hühner kaum und ungern fliegen. Sie haben einen nackten Kopf und Hals und leben immer in Gruppen zusammen.

Neben dem Hund waren bei den Indianer Nordamerikas die Truthühner die einzigen Haustiere. Vor etwa 400 Jahren brachten dann die Spanier die Truthühner nach Europa, wo sie bisher unbekannt waren. Genau wie die Hühner waren sie schnell als Fleischlieferanten beliebt. In vielen Gegenden der Welt ist es Brauch an Weihnachten eine gebratene Pute als Weihnachtsessen aufzutischen.

Vom Ei zum Huhn

Die Kalkschale schützt das Innere des Eis (A). Nach und nach entwickelt sich aus der Keimscheibe das Küken (B), das sich vom Dotter ernährt. Eines Tages bricht es von innen heraus mit dem Eizahn (D) auf dem Schnabel die Eischale auf (C). Zuerst laufen die Küken noch etwas unsicher herum und suchen laut piepsend die Henne (E und F).

Hühner sind wegen des Fleisches und der Eier sehr beliebt. Eine Henne, das ist ein weibliches Huhn, kann im Jahr bis zu 300 Eier legen. Das heißt, sie legt fast jeden Tag ein Ei. Der Bauer oder die Bäuerin nimmt dann die Eier aus dem Nest und macht aus ihnen Rühreier, Spiegeleier, gekochte Eier, Eierkuchen oder anderes mehr.

Immer im Frühjahr läßt man der Henne einige Eier, die sie dann ausbrütet. Aus ihnen schlüpfen die Küken, die schon ein paar Stunden nach ihrer Geburt piepsend auf dem Hof herumlaufen.

Der Hahn ist der Herrscher auf dem Hühnerhof. Er hat ein schöneres Gefieder als die Henne. Die Schwanzfedern leuchten in allen Farben. In der Früh, bei den ersten Lichtstrahlen der Morgendämmerung, kräht er sein Kikeriki aus voller Brust. „Wenn der Hahn kräht auf dem Mist, ändert sich's Wetter oder bleibt wie's ist". Dieses Sprichwort hat immer recht.

Dieser Hahn ist ein ganz besonderer. Es ist ein Wetterhahn. Man kann ihn manchmal auf Kirchtürmen sehen. Er dreht sich je nach dem Wind in eine bestimmte Richtung. So kann jeder sehen, woher der Wind weht.

Dieser Hahn kann sich weder bewegen noch kann er krähen. Es ist ein Wasserhahn.

Die Enten

Wer Enten halten will, braucht dazu einen kleinen See oder einen Fluß. Denn Enten können im Gegensatz zu den Hühnern schwimmen. Ja, es gibt sogar Enten, die tauchen können. Das eine sind die Schwimmenten, die anderen heißen Tauchenten. Die Schwimmenten schwimmen auf dem Wasser herum und suchen dabei ihre Nahrung, indem sie mit dem Schnabel das Wasser nach Samen, Gräsern oder Würmern absuchen. Und da sie das auf dem Grund des Sees oder Flusses tun, nennt man das „gründeln". Deswegen heißt es auch in dem Lied „Köpfchen unter Wasser, Schwänzchen in die Höh". Die Tauchenten dagegen haben einen kürzeren Hals und tauchen richtig zum Grund des Gewässers hinunter.

Das hier sind Tauchenten: die Mandarinente und die Eiderente. Die letzte ist berühmt für ihre weichen Federn, die man auch für die Füllung von Schlafsäcken benutzt.

Die Stockente und die Krickente sind Schwimmenten. Wie auch hier bei dem Stockentenpaar haben im allgemeinen die männlichen Enten, die Erpel, ein prächtigeres Gefieder als die Weibchen.

Der Bauer hält Enten unter anderem wegen ihres Fleisches. Enten kann man genauso wie Hühner essen. Aber bei den Eiern muß man aufpassen. Wenn sie nicht mindestens acht Minuten gekocht sind, können sie einem schaden, da sie oft Krankheitserreger in sich tragen. Man darf sie also für Rühr- und Spiegeleier nicht verwenden.

Enten frieren im kalten Wasser nicht. Sie haben eine Drüse, die Fett ausscheidet. Damit schmieren Enten ihre Federn ein. Und alles was fettig ist, stößt Wasser ab. Deswegen kommt das kalte Wasser nicht an die Entenhaut.
Außerdem haben sie zwischen Haut und Federn noch eine Luftschicht, die den Körper der Ente immer warm hält.

Wenn die Ente Eier gelegt hat, hat sie schon vorher ein richtiges Nest gebaut, in dem sie dann die Eier ausbrüten kann. Nach drei bis vier Wochen schlüpfen die Entenküken aus. Schon nach kurzer Zeit schwimmen sie im Wasser. Die Küken können das, das braucht ihnen die Entenmutter nicht beizubringen.

Die Gänse

Gänse sind etwas größer als Enten. Sie haben einen längeren Hals und auch längere Beine. Wenn es mehrere Gänse auf dem Bauernhof gibt, sieht man sie immer zusammen herumlaufen. Oft gehen sie auch alle direkt hintereinander. Das nennt man „Gänsemarsch". Dieses Wort ist in Gänsefüßchen geschrieben. So nennt man diese Anführungszeichen, die wie der Abdruck von echten Gänsefüßen aussehen.

Die männliche Gans heißt Ganter, und die kleinen Gänse nennt man Gössel. Die Gänse legen ihre Eier am liebsten in feuchtem Gelände. Zwischen sechs und zwölf Eier legt eine Gans. Nach etwa vier Wochen schlüpfen dann die mit graubraunen Flaumfedern bedeckten Jungen aus.

Meistens haben Gänse ein weißes Gefieder. Diese Federn hat man früher als Schreibfedern benutzt. Die Federn wurden vorne einfach zugespitzt und eingeritzt. Dann tauchte man sie in Tinte und konnte so mit ihnen schreiben. Von diesen Gänsefedern leitet sich auch das Wort für die Schreib"federn" im Füller ab.

Hier laufen ein paar Hausgänse im Gänsemarsch über die Wiese. Die Gänse dahinter sind wilde Graugänse, deren Gefieder deutlich dunkler ist.

Ein großer Feind der Gänse – und auch der Enten und Hühner – ist der Fuchs. Aber Gänse sind besonders wachsam. Wenn sie zum Beispiel nachts den Fuchs heranschleichen hören, fangen sie sofort an zu schnattern. So verscheuchen sie den Fuchs oder machen den Bauern auf den Dieb aufmerksam. Gänse können sogar Wachhunde ersetzen. Man erzählt sich aus dem alten Rom, daß dort die Gänse durch lautes Schnattern die Römer vor dem angreifenden Feind gewarnt haben. Auf diese Weise wurde das Kapital, einer der sieben Hügel Roms, durch die Gallier bewahrt.

Die Ziegen

Das komisch aussehende Tier mit dem Bart ist ein Ziegenbock. An seinen langen Hörnern sieht man, daß er schon ziemlich alt ist. Die nach hinten gebogenen und gerippten Hörner, die die Ziegen ihr ganzes Leben behalten, zeigen nämlich an, wie alt eine Ziege ist.

Ziegen werden gehalten wegen ihres Fleisches und ihrer Milch, aus der man Ziegenkäse herstellt. Eine weibliche Ziege, die Geiß, kann manchmal bis zu zehn Liter Milch am Tag geben. Aber man verarbeitet auch die Haut, aus der man weiches Leder herstellt. Aus der Wolle einiger Ziegenarten werden auch teure Garne gewonnen, die dann zum Beispiel zu Pullovern verarbeitet werden. Schon in der Steinzeit hielten sich die Menschen Ziegen als Haustiere. Das weiß man, weil man Ziegenknochen und Reste von Ziegenfellen in den ausgegrabenen Behausungen der Steinzeitmenschen gefunden hat.

Das hier ist eine Hausziege mit Hörnern. Aber es gibt auch Hausziegen ohne Hörner. Die Hörner des Alpensteinbocks können bis zu einem Meter lang werden und sind bis zu 15 kg schwer.

Für einen normalen Pullover, braucht man etwa die Wolle von zwei Ziegen. Eine besonders feine Wolle liefert die Kaschmirziege, die im Himalaya-Gebiet zu Hause ist.

Der Steinbock, der heute noch wild in den Alpen lebt, ist auch eine Ziegenart. Eine Wildziege. Alle Ziegen können sehr gut springen und klettern. Deshalb hat der Steinbock überhaupt keine Schwierigkeiten, sich auf dem steinigen Felsuntergrund zu bewegen. Auch die ganz kleinen Ziegen – Kitz oder Zicklein werden sie genannt – können schon bald nach ihrer Geburt sehr geschickt klettern.

Der Bauer, der eine Ziege melkt, ist ein Ziegenmelker. Das hier ist auch ein Ziegenmelker, eine Vogelart. Aber auch wenn sie so heißen, diese Vögel trinken nie am Euter der Ziegen.

Ziegen haben eine sehr lange Zunge. Mit ihr können sie auch sehr niedriges Gras abrupfen. Gerne fressen sie an Brombeersträuchern herum oder richten sich mit den Vorderfüssen an Bäumen auf, um an die Blätter heranzukommen. Wenn die Ziegen im Winter im Stall sind, werden sie mit Heu, Stroh oder Wurzelfrüchten ernährt.

Auf dem Bauernhof leben auch ...
Die Hunde

Diesen Hund haben wir vorhin schon bei den Schafen gesehen. Es ist ein Schäferhund. Eine Rasse, die sich besonders gut für die Bewachung von Tieren, Menschen oder Gegenständen eignet. Zum Beispiel muß die Schafsherde oft zusammengetrieben werden: entweder weil es nach Hause in den Stall geht, weil die Schafe geschoren oder verkauft werden sollen. Das alles kann ein ausgebildeter Schäferhund leisten.

Dackel

Pekinese

Pudel

Münsterländer

Spitz

Bernhardiner

Das ist ein Wolf. Von ihm stammen die Hunde ab. Bei einem Schäferhund, wie man ihn ganz oben sieht, ist das leicht zu sehen. Kaum zu glauben, daß auch der Dackel, der Pekinese und der Pudel vom Wolf abstammen.

Das hier sind Welpen. So nennt man die jungen Hunde. Dahinter steht der Rüde, der männliche Hund. Die Jungen der Füchse und Wölfe heißen ebenfalls Welpen. Eine Hündin bringt meistens bis zu sechs Junge zur Welt. Es können aber auch schon mal zehn sein. Eine Bernhardinerhündin hat einmal fünfzehn Junge auf einmal zur Welt gebracht.

Für Hunde ist ein Bauernhof ein ideales Gelände. Es gibt Menschen, die immer mal wieder ein paar Minuten Zeit für ihn haben. Es gibt Wiesen, auf denen er herumrennen kann, und es gibt in und um den Scheunen und Häusern viele Ecken, in denen es sich für sie lohnt, mit ihrer feinen Nase herumzuschnüffeln. Und warum sollte er nicht auch einmal mit den Katzen spielen?

Die Katzen

Und auch die Katze spielt gerne mit dem Hund. Denn diese beiden sind ja hier zusammen aufgewachsen und kennen sich gut. Wenn zwei sich nicht verstehen, spricht man oft auch davon, daß sie sich wie Hund und Katze verhalten. Aber das ist nicht immer so. Das Sprichwort kommt daher, daß beide Verhaltensweisen haben, die normalerweise der andere nicht versteht. Wenn der Hund mit dem Schwanz wedelt, ist das für ihn eine freundliche Geste. Wenn die Katze aber ihren Schwanz hin- und herbewegt, dann ist sie eher verärgert oder unsicher.

Katzen schließen sich gerne dem Menschen an. Gleichzeitig aber wollen sie immer ihre Freiheit behalten. Sie wollen das tun, was ihnen gefällt, und nicht das, was der Mensch gerade will. Wenn aber beides zusammenpaßt, dann sind Katze und Mensch sehr zufrieden. Der Mensch streichelt die Katze, die Katze schnurrt dabei.

Neugeborene Kätzchen sind noch blind und taub. Aber sie finden sofort nach der Geburt zu den Zitzen der Mutter. Erst nach ein bis zwei Wochen öffnen sich die Augen.

Katzen haben besonders gebaute Augen, mit denen sie auch nachts sehr gut sehen können. Selbst den kleinsten Lichtstrahl können diese Augen zum Sehen ausnutzen. Der Mensch hat das zum Beispiel für die Katzenaugen hinten am Fahrrad abgeguckt.

Auf dem Bauernhof sind die Katzen gern gesehen. Sie fressen die Mäuse und Ratten, die sich dort tummeln, wo es Vorräte von Getreide oder Essenabfälle gibt. Damit sie nicht überhandnehmen, sind Katzen willkommen.

Die Tauben

Tauben sind Vögel, die es überall gibt: in Großstädten, in Dörfern, in Bahnhöfen, auf den Feldern und natürlich auch auf Bauernhöfen. Da Bauernhöfe viele Wiesen oder Felder um sich herum haben, finden Tauben dort immer etwas zu fressen. Sie ernähren sich von Samenkörnern und grünen Pflanzenteilen.

Alle Tauben sind sehr gute Flieger. Sie haben lange, spitze Flügel und einen Schwanz, den sie beim Fliegen auseinanderbreiten.

Ringeltaube

Turteltaube

Aus verschiedenen Arten der Haustaube wurde die Brieftaube gezüchtet, die besonders ausdauernd und flugtüchtig ist. Sie hat die Fähigkeit, immer wieder ohne Schwierigkeiten nach Hause zu finden. Früher wurden den Brieftauben Botschaften in einer kleinen Kapsel ans Bein gebunden. Diese Nachrichten mußte dann die Taube so schnell wie möglich an den Heimatort zurückbringen. Dabei erreichten die Brieftauben oft eine Geschwindigkeit von 60 km in der Stunde. Ihre Höchstgeschwindigkeit betrug dabei bis zu 90 km in der Stunde. Heute werden diese Brieftauben nur noch zum Vergnügen bei Wettbewerben eingesetzt.

In dieser kleinen Kapsel steckt die Botschaft, die die Brieftaube überbringen soll.

Auf der ganzen Welt gibt es ungefähr 300 verschiedene Arten von Tauben. Das hier ist eine Haustaube. Zu den Wildtauben gehören zum Beispiel die Ringel- und die Turteltaube.

Die Schwalben

Fast an jedem Bauernhofdach sieht man die Nester der Schwalben. Genau wie die Tauben sind auch diese Vögel von selbst auf dem Bauernhof eingezogen. Sie bauen ihre Nester in die Dachwinkel der Häuser und Scheunen.

Diese Nester sind außerordentlich kunstvoll aus Speichel, Schlamm, Grashalmen, Federn und Lehm zusammengefügt.

Schwalben sind Zugvögel. Wenn es ihnen bei uns zu kalt wird, sammeln sie sich und ziehen im Herbst nach Afrika. Im Frühjahr kommen sie dann wieder zurück.

Deswegen meint man immer, wenn die Schwalben zurückkommen, dann wird es bei uns bald warm. Aber ein Sprichwort warnt auch: „Eine Schwalbe macht noch keinen Sommer."

Schwalben sind besonders geschickte Flieger. Im Fliegen schnappen sie ihre Beute, die Fliegen und Mücken. Ja, sie können sogar im Fluge trinken.

Wenn Schwalben sehr tief fliegen, zeigt das oft ein herannahendes Gewitter an. Dann finden sie nämlich die Fliegen und Mücken sehr nahe am Boden.

Die Bienen

Diese Kästen kann man manchmal in der Nähe von Bauernhöfen sehen. Es sind Bienenstöcke. In ihnen wohnt ein Bienenvolk. Solch ein Bienenvolk besteht aus bis zu 70 000 Bienen.

Ein Bauer hält sich solche Bienenstöcke, um Honig zu gewinnen oder Bienenwachs. In dem Bienenvolk gibt es eine Königin, ein paar tausend Drohnen, das sind die Männchen, und der Rest sind Arbeiterinnen. Wenn einige von den Drohnen die Königin befruchtet haben, legt diese täglich etwa 1200 Eier und sorgt so für den Nachwuchs. Die Drohnen werden bald darauf aus dem Bienenstock vertrieben. Die Arbeiterinnen sorgen für den Nestbau, für die Brutpflege und für die Nahrungssuche. Bienen können sich gegenseitig mitteilen, wenn sie einen Fundplatz für Nahrung entdeckt haben. Die Biene spricht dabei aber nicht, sondern sie tanzt den anderen Bienen in einem Rundtanz vor, wo, wie weit entfernt und in welcher Richtung sich dieser Platz befindet. Die Biene richtet sich dabei nach dem Stand der Sonne, so daß die anderen Bienen sie mühelos verstehen können.

Die Nahrung der Bienen ist der Blütenstaub. Ihn sammeln sie an ihren behaarten Hinterbeinen und bringen ihn dann in den Bienenstock. Gleichzeitig bestäuben sie beim Aufsammeln die Blüten.

So sieht ein Teil einer Bienenwabe aus. In ihnen bewahren die Bienen den Honig auf, den Blütenstaub und die Eier, aus denen dann später die Bienen werden.

Das hier sind zwei Bienenstiche. Links hat die Biene in einen Arm gestochen, den rechten Bienenstich kann man essen. Es ist ein Hefekuchen aus Mandeln, Butter und Zucker, den man Bienenstich nennt.

Am Hinterleib haben die weiblichen Bienen einen Stachel. Wenn man von einer Biene gestochen wird, so schmerzt und brennt das ziemlich stark. Dabei wird der Stachel aus der Biene herausgerissen und die Biene muß sterben.

Natürlich gibt es auf einem Bauernhof noch viel mehr Tiere zu sehen als die, die bisher genannt wurden: Meisen, Amseln, Krähen, Rotkehlchen oder Spatzen, Hummeln und Hornissen, Käfer, Fliegen, Frösche, Libellen und Eidechsen, Eichhörnchen, Kaninchen, Marder, Füchse, Igel, Blindschleichen oder Schmetterlinge, Schnecken, Spinnen oder Fledermäuse. Aber das sind Tiere, die nicht nur auf einem Bauernhof zu sehen sind. Sie gibt es auch anderswo. In Einzelgehöften, in Dörfern, in und auf den Häusern, in den Straßen, in den Parks und auf den Wiesen der Stadt. Ja, selbst in den Straßenschluchten der Großstädte gibt es sie. Man muß nur hinschauen, dann findet man sie auch.

Inhalt

Die Rinder	8
Der Körperbau der Kuh	10
Kauen und Wiederkäuen	12
Auf in den warmen Stall!	14
Die Schafe	16
Wohlig warme Wolle	18
Ein schwarzes Schaf?	20
Die Schweine	22
So eine Ferkelei	24
Der Körperbau des Schweines	26
Die Pferde	28
Pferdeglück	30
Der Körperbau des Pferdes	32
Im Stall	34
Die Esel	36

Das liebe Federvieh	38
Die Hühner	38
Die Truthühner	39
Vom Ei zum Huhn	40
Die Enten	42
Die Gänse	44
Die Ziegen	46

Auf dem Bauernhof leben auch...

Die Hunde	48
Die Katzen	50
Die Tauben	52
Die Schwalben	54
Die Bienen	56